AF220060

An dich da draußen

von
Simone Jeitler

Bibliografische Information der Deutschen Nationalbibliothek: Die Deutsche Nationalbibliothek verzeichnet diese Publikation in der Deutschen Nationalbibliografie; detaillierte bibliografische Daten sind im Internet über dnb.dnb.de abrufbar.

© 2020 Simone Jeitler
Herstellung und Verlag: BoD – Books on Demand, Norderstedt

ISBN: 9783752690590

Simone Jeitler wurde in Kirchdorf geboren und ist in Hallstatt aufgewachsen.

Schon immer war sie ein Freund von Geschichten und zog sich gern in die Welt der Bücher zurück.

Ihr Motto lautet: Leben und leben lassen.

„An dich da draußen" zeigt auf, dass nicht immer alles bunt und farbenfroh sein muss, denn jeder hat sie: diese Gedanken, die so oft da sind, aber viel zu selten laut ausgesprochen werden. Dennoch sind es genau diese Gedanken die unser Leben zu dem machen, was es ist. Es darf auch düster und dunkel sein, denn wo Licht ist, gibt es auch Schatten.

Ehrliche Worte einer unbeschwert-realistischen Frau, immer suchend nach der nächsten Inspiration.

An dich da draußen.

Ich stelle mir vor, wie deine Füße sich erheben,
voller Sehnsucht. Suchend nach Freiheit und der
Ferne. Deine Beine, sie werden dich tragen. Hinaus
in die Nacht.
Der erste Schritt.

Ich stelle mir vor, wie du dich fürchtest, weil dein
Körper dich nicht um Erlaubnis bittet. Deine Seele
hängt noch an deinem warmen Bett. An dem
Vertrauten, an dem Bekannten. Nichts Neues,
nichts Unentdecktes. Nein Freiheit fühlt sich nicht
so an.

Ich stelle mir vor, wie du versuchst aufzuwachen.
Der Wunsch nach einem Traum wächst in dir
heran, Du hoffst und suchst nach dem Zeichen.
Die eindeutige Bestätigung. Dem weißen Hasen.

Ich stelle mir vor, wie du dich nicht mehr wehrst
und dich umsiehst. Du siehst all die anderen die
wie du, entführt von ihren Hoffnungen. Fliegend
in die Nacht. Die Dunkelheit.

Heute bringt sie den Neubeginn, deine Freiheit
beginnt mit dem Sonnenaufgang.

And again it was all about me.

About the darkness that took over everything, determining every moment of my life, it spread and devoured this evening and changed it.

Into an eternal dark nothing.

Nichts war je so schwierig, wie mich selbst durch das Leben zu begleiten.

Dies zuzugeben ist der erste Schritt. Dennoch zu Lächeln der Zweite.

I simply cannot deal with my trivial existence!

What if i carry myself?

My daydreams are longer than your nights!

Don't come into my Life to destroy me.

I'm fucked up enough for thousands more
Lives.

Die kleinste aller Tränen zeigt ihre
Wirksamkeit im Gegenüber.

In der blühenden Einsamkeit liegt die wahre Dunkelheit.

Ein Stein, wo ein Herz sein sollte.
Nichts zu teilen.
Zu kalt zum Fühlen.
Keine Seele in meinen Augen.
Dunkelheit am Ende.

In der Dunkelheit findest du mich.
Mein Wahres ich.
Hier, wo keine Spiegel existieren, kannst du
alles sein.
Wenn du mutig bist, sogar du selbst.
Die einzige Einladung, die ich habe geht an
dich.
Ich schenke sie dir, wie damals jemand mir.
Du musst nichts beweisen.
Einfach sein.
Wie der Wind.
Einfach wie wir sind.

Fantasie ist alles was zählt.
In einer leeren Welt.

Was bedeuten all die Farben, wenn ich mich immer wieder für Schwarz entscheide?

Fate had brought us together and heaven
confirmed it with tears of joy.

Dein größter Fehler?
Das Fenster in meinem Gefängnis.

The fever was always there.
Waiting for that one moment to burn through
my body.
The fire starts again and i´m lost.
Not even all the tears in the world can save me
now.
It was always you and me.
United in the flames!

Gedankenlos.
Umgeben von Überfluss.

…mein Herz schrie…

„Geh nicht fort!“

Shaping my Life in my dreams.
If a genie in a Bottle would ask me.

Ich kann nicht aufstehen und mir meine
Träume erfüllen.

Denn dann wäre ich ja glücklich.

Die Zeit verrinnt aber ich habe noch jede
Menge davon um Ich zu sein.
Egal, wir verschwenden einfach noch ein paar
Minuten. Um wir zu sein.
Zwei Personen in einer.
Nicht bewegen, nicht verändern.
Niemals Eigenständig, immer nur eins.
Wieder geht die Sonne unter mir dir an meiner
Seite.
Morgen dann!
Strecke ich der Sonne mein Gesicht entgegen.
Mit geschlossenen Augen lasse ich mich leiten.
Egal wohin.
Nur Neu und ungesehen muss es sein.
Ein Ort der mich nicht kennt, nichts von mir
weiß.
Der mich nimmt wie ich bin, weil er mich
anders gar nicht kennt.
Gedanken werden zur Wirklichkeit.
Ich schreibe ein neues Kapitel ohne dich, nur
für mich!

It´s hard to be me sometimes.
It´s hard to be me sometimes.
It´s hard to be me sometimes.
It´s hard to be me sometimes.
It´s hard to be me sometimes.
It´s hard to be me sometimes.

J: Yesterday i thought i saw a piece of your hand.
My heart was bursting with JOY.
Even if it wasn´t you…
Just believing it for a moment saved my day.

Die leisen Schreie sind die lautesten.
Nur wenige sind fähig sie zu hören.

Ich sollte eigentlich nicht mehr am Leben sein,
wenn ich zurückblicke nichts als Dunkelheit.
Scherben zieren meine Vergangenheit.
Sollte die Finsternis zum Schluss mein
Schicksal sein, dann nehme ich es an aber zuvor
werde ich kämpfen für ein bisschen Licht in
meinem Leben.

Liebe ist nicht Bedingungslos.

I love and hate.
Love and hate myself.
Hate me most of the time.
Did i ever want myself this way?
I´ve always walked away from that question.

Und wieder!
Hinterfrage ich mich selbst.
Du lässt mich, denn da ist kein Grund mich zu
stoppen.
Ich springe sowieso in meinen See aus
Selbsthass und Traurigkeit.
Ich will nicht ich sein.
Ich will diejenige sein, die ich hätte sein können
bevor ich unter dem Druck gebrochen bin.

Er sagte:
„Komm und Tanz mit mir.“
Mit ausgestreckter Hand, stand er da.
Ich sah mich um, wir haben keine Musik!
Er legte seine Hand auf mein Herz.
„Hör hin.“
Ich schloss die Augen, nichts.
„Hör genauer hin“, befahl er mir.
Angestrengt versuchte ich etwas zu hören,
verzweifelt öffnete ich die Augen.
Er lächelte, zog mich an sich und begann zu
tanzen.
Ich borge dir meine, für heute.
Langsam bewegten wir uns zu einer süßen
kleinen Melodie.
Was ist das?
Wieder lächelte er.
„Meine Seele.“
Er sagte: „Alles wird gut, du kannst das.“
Ich nickte, vielleicht morgen.

Does a mental Breakdown get me further in my
ART?

WHEN EVERYONE SCREAMS FOR ATTENTION!

Give them mirrors.

Es sind die Momente der Einsamkeit, die mich erkennen lassen, wie wenig ich mich selbst mag.

A lot of my energy goes into not screaming all the time.

Someone smelled like you today.
And my heart flew and broke an the same time.

…in meinem Herzen hat sich ein Name eingeschlichen und er will nicht mehr verschwinden…

Is being in Love always associated with Obsession?

R: Yesterday i had to think about you and your laughter. And the fact that it fell silent. Because of me. I wanted to call you, tell you how much...
How much i miss you. I wanted to ask you to forgive me...
...to be the way we used to be.
We were one, inseparable.
I miss you so much.
It hurts more and more every day.
Please, heal me.

Das im Spiegel soll wirklich ich sein?
Nur ein Schatten.
Zu oft habe ich mich verleugnet.

Still shocked how quickly you made it into my
heart. My mind and everything i own is open.

Open to everything, from you.
You can destroy or love me.

It is up to you.

I have to stop running.
From something that doesn't deserve me.
To something that doesn't know me.

Nicht die Sünde macht mich zu dem was ich bin. Sondern der der sie so benennt.

To be „The One“ you don't have to shine like a unicorn.

Trust.

Easily earned? Hard to keep? No! You have to earn it.

But once you have it…

Don´t play fucking games. And it´s yours forever.

Nenn dich Müll-Vernichter.
Alles Fresser.
Nichts-Vergesser.
Leben aber nicht gesehen.
Sehen aber nicht gelebt?
Unsichtbar.
Nicht wahr.
Wahrheit ist sichtbar.
Zerren und Verlangen.
Für den Rest.
Für den Müll der liegen bleibt.

Sometimes it´s good to take longer to adapt.
Things change to quickly.
Unimportant, useless Things.
Take only what you need.
Don´t get lost in the swamp of the unreal.

Wenn wir nichts mehr fürchten müssen, weil wie die Schrecklichen sind.

Wenn wir aufhören zu weinen, weil wir die Ursache der Tränen sind.

Wenn wir aufhören zu lachen, weil wir alles Schöne im Keim ersticken.

Wenn wir nicht mehr lieben, weil alles gleich ist und keine Bedeutung mehr hat.

Wenn wir aufhören zu singen, weil eine Melodie nette Gedanken braucht.

Wenn sich das Licht verdunkelt, weil die Herzen nicht mehr brennen.

Wenn wir alles töten, was leben will.

Wenn alles grün nur grau ist.

Wenn wir nichts mehr hinterfragen, weil wir alles bereits glauben zu wissen.

Wenn wir kein ich mehr sind, sondern wie jeder andere.

Dann suchen wir einen Täter, aber niemals in uns.

What if everything you want does not exist?

Wie viel Lüge steckt in der wahren Liebe?

Wir sind nicht mehr wir,
nicht länger wir,
du gehörst wieder dir.
Ich bin wieder nur ein ich,
ich allein mit mir,
und du mir ihr.
Ein neues wir.
Halt eben nur nicht wir,
sondern ihr.